La Jibarita de la Chirínga
SOÑAR ES EL COMIENZO

Diseño Gráfico: Whiteboard Solution LLC
Ilustraciones: Olgy Quiles

1a edición: Septiembre 2021

Reservados todos los derechos. No se permite la reproducción total o parcial de esta obra, ni su incorporación a un sistema informático, ni su transmisión en cualquier forma o por cualquier medio (electrónico, mecánico, fotocopia, grabación u otros) sin autorización previa y por escrito de Stride Group LLC. La infracción de dichos derechos puede constituir un delito contra la propiedad intelectual.

ISBN 978-0-578-93582-9

© Stride Group, LLC., 2021

Impreso en China.

En un cafetal hermoso de nuestra isla del encanto
una jibarita de corazón dichoso su chiringa estaba volando.
Mientras disfrutaba de este juego su mente también alzaba vuelo.
Soñaba con ser astronauta y volar,
el cafetal mejorar y a los demás ayudar.

A humble hearted jibarita played in a beautiful cafetal.
A chiringa in her hands and our enchanted island as backyard.
While enjoying this game her mind took flight.
She dreamed of being an astronaut and fly,
helping others, and improve the cafetal.

Jibarita: In Puerto Rico, it is a term commonly used to refer to peasant women from Puerto Rico.
Cafetal: Coffee plantation. **Chiringa:** In Puerto Rico it is used when refering to kites.

La jibarita pensaba:
"Como el viento ayuda a la chiringa elevar,
soñar es el comienzo a muchas cosas alcanzar."
Como trabajo le daba mantenerla elevada,
gritó al jibarito para que le ayudara.
¡Jibaritoooooo!, ¿Puedes venir un momentito?

The jibarita thought:
"As the wind helps the chiringa lift,
to dream is the beginning of reaching many things."
It was hard to maintain the chiringa in the air,
so, she called the *jibarito* and asked him for some help.
Jibaritoooooo! – She said
Could you come here for a sec?

Jibarito: Refers to a noble and humble countryman of Puerto Rico.

Su nombre escuchó el jibarito
y ni corto ni perezoso llegó rapidito.
"Hola Comay, ¿quieres jugar gallitos?
¿Acaso es por eso que escuché tu grito?"
"¡Ay Compay! Los gallitos pa' otro día.
Es que no logro elevar esta chiringa."

The jibarito heard his name
and almost immediately arrived there
"Hello Comay, I heard you calling
Is it gallitos you want to play?"
"Ay, Compay! The gallitos for another day.
I just can't make this chiringa lift in the air."

Gallitos: Traditional Puerto Rican game, in which seeds of the carob tree are used.

Comay | Compay: Used when referring to someone whom you have a deep friendship and trust.

El jibarito amigo al fin,
con sabiduría la ayudó a subir.
En ese momento la jibarita recordó
el mejor lugar para volar chiringa y se emocionó.
"Vayamos al Morro" – al jibarito insistió.
"Díselo a tus páis que a donde vayas, yo voy."

The jibarito being a good friend,
wisely helped the chiringa raise.
At that moment, the jibarita recalled
the best place to fly chiringa and was enthralled.
"Let's go to El Morro" – the jibarita said.
"Ask your parents; we will go if they say yes."

El Morro: The Castillo de San Felipe del Morro, also known simply as El Morro, is a Spanish citadel built between the 16th and 18th centuries on the northern edge of San Juan.

A hablar con sus padres, fue la jibarita emocionada.
Quienes juntos en el cafetal laboraban.
Planearon para mañana la aventura tan esperada
Ya que volar y viajar era lo que ella anhelaba.

The jibarita's parents were working at the cafetal,
when they saw her approaching with a big smile.
For tomorrow, an exciting adventure was planned.
Visiting new places was always on her mind.

"¡Qué lugar tan hermoso!" – la jibarita exclamó.
"Mirar el Castillo del Morro me causa gran impresión."
"Es un lugar mágico y lleno de imaginación."
Con una gran sonrisa, el jibarito añadió.

"What a beautiful place!" – the jibarita exclaimed.
"When I look at the Castillo del Morro, I am so impressed."
"It is full of imagination, it's a magical place."
The jibarito said, with a big smile on his face.

Castillo del Morro: The Castillo de San Felipe del Morro, also known simply as El Morro, is a Spanish citadel built between the 16th and 18th centuries on the northern edge of San Juan.

Contentos caminaron y unas piragüas disfrutaron.
Sus chiringas sacaron y emocionados las elevaron.

They walked joyfully and some piragüas enjoyed.
They took out their chiringas and excitedly lifted them up.

Piragüas: A Puerto Rican shaved ice dessert, shaped like a cone, consisting of shaved ice and covered with fruit-flavored syrup.

La chiringa de la jibarita alto volaba.
Mientras la observaba, en su mente imaginaba;
"Que maravilloso sería ser capitán, en una nave volar,
por todo el mundo viajar y hasta la luna llegar."

The jibarita's chiringa was flying high.
As she watched it, many thoughts filled her mind:
"How great would it be being a captain, flying a plane,
traveling to the moon, and all over the world"

Pero la chiringa del jibarito
cayó al suelo de repente,
Esto causado por un viento bien fuerte.

But the jibarito's colorful chiringa
suddenly fell to the ground.
Because of a strong and heavy wind gust.

La jibarita sonriente, le aconsejó muy consciente:
"Cuando tu chiringa caiga al piso, no pienses que es un lío.
Vuélvela a lanzar y a las nubes podrá alcanzar."
Y es que esta jibarita es una soñadora,
de aventuras conocedora y con ideas innovadoras
que soñar a todos provoca.

The jibarita smiled, and knowingly advised:
"Do not feel sad, or give up when your chiringa falls to the
ground. Give it another try and reach out for the sky."
You see, the jibarita loves adventures
and dreams very much.
And with innovative ideas she enjoys
inspiring each and every one of us.

De regreso a la montaña
estos dos no se callaban;
con música se alegraban
sabiendo que aquel día se acercaba.

On the way back to the mountain
music they were enjoying.
These two could not stop talking
knowing that an important day
soon was coming.

"Ya pronto te vas y me quedo aburrido."
Dijo el jibarito en un tono atrevido.
"Serán unos días, a mis tíos no he visto.
Montarme en un avión es lo más que yo ansío."

———

"You'll be leaving soon, and I'll be bored."
The jibarito said in a bold tone.
"It'll be only for a few days in wich I'll be going away.
I will visit my uncles, but soon I will return."
"Flying in a plane is what I look forward the most."
Said the jibarita with enthusiasm in her voice.

Al otro día y con un fuerte abrazo los amigos se despidieron.
Y en un avión la jibarita alzó vuelo.
Un sin fin de aventuras le esperaba en otro suelo.
Se sentía como chiringa volando en el cielo.

The next day, with a big hug, the friends finally said goodbye.
Once on the plane, the jibarita took flight.
Endless adventures on another land.
She felt like a chiringa soaring up high.

Sentada en la ventanilla y creyéndose capitán
A todos mandó a aplaudir cuando sintió aterrizar.
Esta jibarita orgullosa de sus raíces
por donde quiera que pasa a todos hace felices.
Es por eso que te invitamos a los pasos seguirle.

Playing she was the captain, while on the plane
She told everyone to clap and loudly celebrate.
They had finally landed safely on the runway.
This jibarita, of her culture is proud.
To follow in her footsteps, we encourage you now.
She makes everyone happy wherever she goes.
We invite you to do the same every place you go.

"Como el viento ayuda a la
chiringa elevar,
soñar es el comienzo a muchas
cosas alcanzar."

Cuida tu corazón
que puro esté siempre.
Sueña con ilusión,
mantén la esperanza ferviente.

Eres importante,
eres especial.
Eres brillante y valiente.
Eres buena gente.

FIN

"As the wind helps
the chiringa lift,
to dream is the beginning of
reaching many things."

Guard your heart
so it is always clean.
Constantly have hope
and dream big dreams.

You are important,
you are special.
You are smart, and brave.
You are **buena gente**.

THE END

Buena Gente: Person who is distinguished for being humble, grateful and loving.

El nombre de mi jibarita es:
My jibarita's name is:

Vocabulario | Vocabulary:

Cafetal: Plantación de café. Coffee plantation.

Jibarita: En Puerto Rico, es un término de uso común para referirse a las campesinas. Tanto el Jibarito como la Jibarita son un reflejo representativo del puertorriqueño. In Puerto Rico, it is a term commonly used to refer to peasant women. Both the jibarito and the jibarita are a representative reflection of the Puerto Rican.

Chiringa: En Puerto Rico se utiliza para referirse a volantines, cometas o papalotes. In Puerto Rico it is used to refer to kites.

Gallitos: Juego tradicional de Puerto Rico, en el cual se utilizan semillas del árbol algarrobo. Traditional Puerto Rican game, in which seeds of the carob tree are used.

Sabiduría: Conjunto de conocimientos amplios y profundos que se adquieren mediante el estudio o la experiencia. A set of broad and deep knowledge acquired through study or experience.

Piragua: Un dulce puertorriqueño hecho de hielo granizado cubierto de sirop con sabor a fruta. A Puerto Rican shaved ice dessert, shaped like a cone, consisting of shaved ice and covered with fruit-flavored syrup.

Consciente: Que siente, piensa y actúa con conocimiento de lo que hace. One who feels, thinks, and acts with knowledge of what he or she is doing.

Lío: Situación o asunto confuso, desordenado, problemático o difícil de resolver. A situation or matter that is confusing, disorderly, problematic, or difficult to resolve.

Innovador: Que innova. Que cambia las cosas, introduciendo cosas nuevas. One who innovates. One who changes things, introducing new things.

Ferviente: Que tiene, o muestra pasión por algo. Having or showing passion for something.

Ansío: Desear una cosa intensamente, anhelar. To desire a thing intensely, to yearn for.

Provoca: Producir o causar algo. To produce or cause something.

Buena Gente: Persona que se distingue por ser amable, humilde y bondadosa. Person who is distinguished for being humble, grateful and loving.

Castillo del Morro: También conocido como El Morro, es una fortificación española con casi 500 años de historia. Fue hecha para proteger la bahía de San Juan de ataques marítimos de piratas, y de otros países. Hoy en día es una de las principales atracciones turísticas en Puerto Rico. Su nombre oficial es Castillo San Felipe del Morro. Also known as El Morro, it is a Spanish fortification with almost 500 years of history. It was built to protect the bay of San Juan from maritime attacks by pirates and other countries. Today it is one of the main tourist attractions in Puerto Rico. Its official name is Castillo San Felipe del Morro.

echa compay'

Síguenos y compártenos a qué parte del mundo llegó La Jibarita y El Jibarito.

 jibaritodelacajita